I0751297

8°
Y
th
421

ALINE,

REINE DE GOLCONDE,

OPERA EN TROIS ACTES;

PAROLES DE MM. VIAL ET FAVIERS.

MUSIQUE DE H. BERTON, *membre du Conservatoire de Musique de France, représenté pour la première fois sur le Théâtre de l'Opéra-Comique-National, rue Faydeau, le 16 fructidor an onze.*

Prix, 1 liv. 10 s.

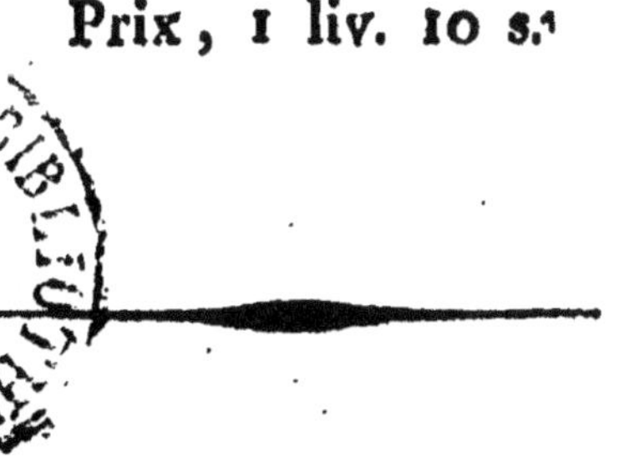

A PARIS,

CHEZ Mme. MASSON, Libraire Editeur de Pièces de Théâtre, rue de l'Echelle, No. 558, au coin de celle Saint-Honoré.

AN XI. — 1803.

A M. DE BOUFFLERS,

De l'Académie Française, par les trois auteurs de l'Opéra d'Aline, reine de Golconde.

En osant présenter Aline sur la scène,
Nous avons eu tous trois une juste frayeur ;
Nous redoutions la critique inhumaine,
Mais votre nom nous a porté bonheur.
Partout il est célèbre, au temple de Mémoire ;
Chez Mars et chez Vénus, même dans les * déserts;
Nous avons réussi, mais de ce jour de gloire
La vérité nous dit d'être peu fiers,
Et d'adresser nos lauriers à Boufflers,
Lui seul a gagné la victoire.

* M. de Boufflers a été chargé d'une mission au Sénégal.

PERSONNAGES.	ACTEURS.
ALINE, reine de Golconde	*Mde. St.-Aubin.*
ZELIE, première dame du Palais..	*Mde. Gavaudan.*
ST-PHAR, ambassadeur de France.	*M. Gavaudan.*
USBECK, sur-intendant des menus-plaisirs......................	*M. Solié.*
SIGISKAR, premier ministre.....	*M. Gaveaux.*
OSMIN, commandant des gardes..	*M. Batiste.*
BAHADAR, chef des eunuques....	*M. St-Aubin.*
NESSIR, chef des tribunaux, ...	*M. Prevost.*
TIMAR, chef des impôts,........	*M. Grangé*
OSCAR, officier de la garde, de Sigiskar,..................	*M. Kamerere.*
UN GOLCONDOIS, jouant le rôle d'un petit pâtre...............	*M. Lecler.*

La Scène est à Golconde, au palais de la Reine.

A V I S.

Il n'y a d'Edition avouée par l'Auteur que celle dont les exemplaires sont signés par l'Editeur. Elle poursuivra les contrefacteurs, conformément à la loi.

ALINE,

COMEDIE LYRIQUE,

EN TROIS ACTES ET EN PROSE MÊLÉE DE CHANTS.

ACTE PREMIER.

SCENE PREMIERE.

Le Théâtre représente un Palais indien, sur un côté l'appartement d'Aline, de l'autre, un trône dans le genre asiatique.

SIGISKAR, USBECK.

USBECK

Mon cher Sigiskar, vous avez tort, et le surintendant des menus plaisirs de la reine de Golconde ne peut être de notre avis.

SIGISKAR.

Foiblesse!

USBECK.

Justice.

SIGISKAR.

C'est elle que je réclame, et mon devoir, comme prince du sang royal, comme premier ministre, est de faire parvenir jusqu'au pied du trône, les craintes trop fondées des premiers ordres de l'état.

USBECK.

Leurs craintes.....Ah ! croyez-moi, c'est vainement qu'on se ligue pour ramener d'anciens et ridicules usages, notre auguste souveraine, cette aimable française, a gagné tous les cœurs par la sagesse et la douceur de ses lois ; chaque jour, en ajoutant au bonheur de son peuple, elle voit s'accroître sa puissance, et le seul crime que vous puissiez lui reprocher, en vers vos humbles et graves remontrances, c'est d'avoir appris à rire aux Golcondois, ce qui ne leur étoit jamais arrivé.

SIGISKAR

Mais à vous entendre, Usbeck, il sembleroit qu'on veut attenter à l'autorité de la reine.

USBECK.

A son autorité ! oh ! non, ce seroit folie ! mais à ses plaisirs, et pour une jolie femme, c'est à-peu-près la même chose.

SIGISKAR.

Eh quoi, cette étrangère....

USBECK *l'interrompt.*

Est digne du rang où le destin l'a placée ; jetée sur ces rives par un naufrage, esclave dans le sérail, elle ne pouvoit long-tems échapper aux yeux du souverain ; il la vit, et fut encore plus frappé de ses vertus que de ses charmes. Vainement il l'entoura de l'éclat des richesses, vainement il lui offrit de partager le trône, un autre amour remplissoit son cœur ; elle osa l'avouer : le généreux Akebar, renonçant à en faire son épouse, ambitionna d'en faire son amie ; il goûta ses conseils, il suivit ses leçons ; et prêt à descendre au tombeau, il crut assurer le bonheur de ses sujets en lui ordonnant d'accepter sa main et en la proclamant l'héritière de sa couronne. Dès lors, tout prit une face nouvelle ; à-la-fois douce, impérieuse, sensible et gaie, réunissant tous les contrastes piquans qui caractérisent sa nation, elle nous enseigna à compatir au malheur, à triomper pendant la guerre, à jouir pendant la paix ; on rit, on danse, on fait du bien à Golconde, et vous avez beau dire, c'est le seul moyen d'être heureux !

SIGISKAR.

Cessez de plaisanter, et convenez qu'il y va de l'intérêt de l'état.

USBECK.

Cessez de dissimuler, et convenez qu'il y va de votre intérêt particulier.

SIGISKAR.

Malheureux! vous osez croire....

USBECK.

Point d'emportement! ma charge m'impose la loi de traiter gaiement toute espèce d'affaire. Croyez-en mes conseils, abandonnez vos chimères, n'opposez plus votre vieille politique à celle de la reine; elle est jolie, elle est française, vous auriez toujours tort; d'ailleurs, elle connoît vos projets et ceux de vos amis....

SIGISKAR *vivement.*

Comment, vous avez osé!...mais...nous ne voulons que son bonheur, et...

USBECK.

Et lorsque je lui ai fait part des inquiétudes que vous causoient toutes ces innovations...

SIGISKAR.

Qu'a-t-elle répondu?

USBECK.

Ce qu'elle a répondu!

SIGISKAR.

Oui.

USBECK.

D'abord, elle s'est mise à rire.

SIGISKAR.

Ensuite?

USBECK.

Elle tenoit un éventail, et le déployant sur ses yeux avec toute la grace qu'on lui connoît, voilà ce qu'elle m'a répondu:

AIR.

A travers ce rampart fragile
Dont les soutiens sont si légers,
J'observe tout, je vois tous les dangers,
Et me tromper est difficile.
Oui, cette gaze, à mes projets utile,

Sert à-la-fois ma curiosité
Ma crainte ou ma sécurité,
Et me tromper est difficile.
Tour-à-tour je vois, je surprends,
L'air faux ou vrai des courtisans,
De mes sujets, de mes ministres;
Les desseins heureux ou sinistres,
Sans qu'ils parlent, je les entends...
Mais...si l'un d'eux, trop téméraire,
Conspiroit, ou formoit quelques projets trop vains;
Cet éventail deviendroit dans mes mains,
Le sceptre qui feroit avorter leurs desseins,
Et les feroit rentrer dans la poussière.

SIGISKAR *interdi et très-étonné.*

Voilà ce qu'elle a dit?

USBECK.

Oui, mon ami, ainsi croyez-moi....
Le dépit, la résistance,
La colère, et la vengeance,
Contre un sexe adroit et malin,
Voudroit conspirer en vain.
De nos projets, il se joue,
Près de lui le sage échoue,
Il séduit tous les humains:
Par sa ruse et son adresse,
Son esprit et sa finesse,
Il déconcerte nos desseins;
Il nous subjugue, il nous entraîne;
Et l'on chérit encore la chaîne
Que l'on reçoit de ses mains.

Vous pouvez répéter aux mécontens ce que je viens de vous dire....les voici justement...oui... les receveurs des impots abolis, les agas, les cadis et les eunuques supprimés...Je cours chez la reine lui présenter mon plan d'opéra, afin de la préparer à votre auguste visite.

(*Il salue gravement Sigiskar, et entre en riant chez la Reine.*)

SCENE II.

SIGISKAR, *seul.*

Cet Usbeck est un vrai courtisan, trop foible d'ailleurs pour partager les dangers des projets que je médite... voilà les amis qu'il me faut, tous ont à se plaindre de la reine, et leur intérêt doit nécessairement les lier à mon sort... ils entrent, ne précipitons rien... ce sont les receveurs des impôts.

SCENE III.

SIGISKAR, TAHER, LES RECEVEURS DES IMPOTS.

CHŒUR.

Il faut il, faut quitter Golconde,
L'or ici sans nous abonde,
Au plus bas prix tout est vendu,
Rien à l'état n'en est rendu,
Le peuple rit, tout est perdu!

SIGISKAR, *à part.*

Bien!.....

SCENE IV.

LES PRÉCÉDENS, LES CADIS, LES AGAS, NESSIR.

CHŒUR.

LES AGAS ET LES CADIS.

Il faut il faut quitter Golconde,
Plus de procès,
D'arrêts,
De frais,
On vit dans une paix profonde.
Un bien sans frais, sera vendu,
Un jugement gratis rendu,
Un Plaideur sans frais entendu,
On va s'aimer, tout est perdu!

SIGISKAR, *à part.*

bien ! bien !

SCENE V.

LES PRECEDENS, BAHADAR Chef de Eunuques, et sa suite.

CHŒUR D'EUNUQUES.

Il faut, il faut quitter Golconde,
Un firman en tout lieux porté,
Aux femmes rend la liberté,
Ce n'est plus sur nos soins que le plaisir se fonde,
Le sexe n'est plus rétenu,
On s'en rapporte à sa vertu ;
Plus d'Eunuques, tout est perdu!

SIGISKAR.

Vous déplorez votre infortune.
Vous êtes aussi renvoyés,
Et tous congédiés....
Eh bien faisons cause commune.

Vous avez sans doute préparé chacun un mémoire ?

TAHER *lui présentant un papier roulé.*

Comme chef des impôts, j'en ai fait un rempli d'idées désintéressées.

NESSIR *idem.*

Comme chef des tribunaux, j'en ai fait un rempli de douceur.

BAHADAR *idem.*

Comme chef des Eunuques, j'en ai fait un écrit avec force.

SIGISKAR.

La reine en ce moment ne peut vous donner audience ; un ambassadeur européen doit lui être présenté, et maintenant elle est occupée à régler avec l'intendant des menus-plaisirs, le plan d'une nouvelle fête....

BAHADAR.

Une fête! c'est bien là le moment!

NESSIR.

Quant les tribunaux sont déserts!

TAHER.

Quant on nous ruine!

BAHADAR.

Quant on nous réduit à rien!

CHŒUR.

Non, non, plus de retards;
Pour nous on manque d'égards...

SIGISKAR.

Silence!
On ouvre, on s'avance...

CHŒUR.

Qui parlera? — Ce sera toi!
Je t'appuyerai, compte sur moi.

SCENE VI.

LES MEMES, OSMIN, *à la tête des gardes du palais, qu'il fait mettre en ligne dans le fond de la scène.*

ZELIE, *sortant de chez la reine.*
(à Sigiskar.)

La reine m'ordonne de vous instruire qu'elle va vous recevoir, ainsi que ceux de ses sujets qui auront à lui demander quelques grâces; Osmin va vous introduire.

SIGISKAR, *à part.*

Faire avertir un premier ministre par une suivante!... ô Brama

Sigiskar, les Agas et les Eunuques passent au travers de la haie que commande Osmin, qui reste à la porte de l'appartement d'où sort Usbeck.

SCENE VII.

ZELIE, USBECK, OSMIN.

USBECK.

Bien ! très-bien ; ma chère Zélie, je suis on ne peut plus content de toi... arrivée de France depuis trois mois, et depuis peu de tems au service de la reine, tu viens d'exercer pour la première fois tes fonctions de première dame du palais, avec une grace, une noblesse qui n'ont fait qu'ajouter aux charmes répandus sur toute ta personne.

ZELIE.

Bien, très-bien, mon cher Usbeck, je suis on ne peut plus contente de toi, tu viens de nous détailler chez la reine, ton plan de fête avec une grace et une galanterie qui n'ont fait qu'ajouter à l'estime que j'avois conçue pour ta personne.

USBECK.

Qui ne seroit galant près de toi? Tes beaux yeux ont déja soumis bien des cœurs à Golconde, et là.. près de nous, à cette porte... le commandant des gardes, ce cher Osmin... on prétend....

ZELIE.

Qu'il m'adore.

USBECK.

Oui, et l'on dit encore

ZELIE.

Que je l'aime à la folie!

Osmin accourt près de Zelie, baise ses mains et donne les marques de la plus grande joie.

ZELIE.

Allons, il a tout entendu!

OSMIN.

Ah! ma chère Zelie, repète encore....

USBECK, *l'interrompant.*

Eh doucement! quand vous serez époux, vous aurez tous le tems de vous aimer et de vous le dire peut-être n'avons-nous qu'un moment ! il faut que je vous fasse part de mes inquiétudes.... Osmin, j'ai besoin de toi!..... Zelie, de la discrétion et de la prudence....

OSMIN.

Parle !

USBECK, *à voix basse.*

La reine vous a comblé de bienfaits, apprenez que l'on conspire contre elle.

ZELIE.

Que dis-tu ?

OSMIN, *portant la main sur son cimeterre.*

Nomme les traîtres...

USBECK.

Modère-toi... Ce ne sont encore que des soupçons, mais que ton bras soit prêt et tes regards attentifs.. Viens dans mon palais dans une heure... au milieu du tumulte de la fête, je pourrois perdre de vue les mécontens que je redoute... je te les ferai connoître, et à un signal convenu...

OSMIN, *arrachant vivement une grenade d'un des vases qui ornent la salle.*

Cette grenade t'annoncera le danger de la reine.

USBECK.

Paix ! je crois l'entendre !... De toutes les qualités de vos aimables Françaises, il ne lui manque que la patience ; et les beaux discours de nos fakirs ont le don de l'ennuyer mortellement... Justement voici nos mécontens déjà congédiés. (*Les portes de l'appartement s'ouvrent*) (*A Zelie*) Songe qu'elle doit tout ignorer.

ZELIE.

Je tremble !

USBECK.

Sois sans crainte (*A Osmin*) Dans une heure

OSMIN.

Compte sur moi !

USBECK.

La reine ! (*Il sort ; Osmin retourne à son poste*).

SCENE VIII.

LES PRÉCEDENS, ALINE, SIGISKAR, LE RECEVEUR DES IMPOTS, LES AGAS, LES EUNUQES NOIRS, SUITE.

ALINE.

Sigiscar ! que ce soit la dernière fois que l'on me fatigue de plaintes inutiles. C'est en vain que vous m'opposez l'intérêt général, lorsqu'il ne s'agit que de votre intérêt particulier ; vous prétendez que j'ai affoibli les lois fondamentales de l'état ; l'amitié de mon peuple me prouve que je ne me suis pas trompée sur les moyens d'assurer son bonheur ; j'ai cherché à inspirer à mes sujets l'amour des beaux arts, je leur ai appris à ne traiter sérieusement que les choses sérieuses.... Il est vrai que j'ai supprimé les sérails..... Eh bien ! Messieurs, pour plaire, il faudra vous donner la peine d'être aimables, cela est votre affaire et ne me regarde nullement.... je vous engage à venir ce soir à l'Opéra, qui sera plus gai que les doléances des fakirs... que je vous déclare ne vouloir plus entendre : allez, je vous pardonne.

SIGISKAR, *à part.*

Vengeance !

(*Il sort, entouré des Agas, des Cadis, etc.*)

ALINE.

Osmin, que deux gardes veillent à cette porte ; et qu'Usbeck seul puisse penétrer jusqu'ici.

SCENE IX.

ALINE, ZELIE, DEUX GARDES.

ALINE.

Ah ! ma chère Zélie, combien je préfère à la cour tumultueuse qui m'entoure, les momens que je puis passer auprès de toi.

ZÉLIE.

Me seroit-il permis, Madame, d'en profiter, pour vous peindre ma reconnoissance ?

ALINE.

Eh ! qu'ai-je donc fait ?

ZELIE.

Osmin que vous avez daigné nommer commandant de vos gardes...

ALINE.

Tu l'aimes ! pouvois-je ne pas songer à lui !

ZELIE.

Ah ! Madame, c'est à vos bontés que je dois....!

ALINE.

Dis plutôt à mon amitié, tu la mérites....! Je rends grace au hasard fortuné qui t'a conduit sur ces bords; depuis six ans éloignée du pays où toutes deux nous avons reçu le jour ; depuis six ans au milieu des honneurs et de la gloire, j'ai cherché vainement un cœur qui pût, en les partageant, adoucir les peines du mien...Zélie aparu, et Zélie obtient toute ma confiance.

ZELIE.

Je ferai tout pour m'en rendre digne.......... Mais vous me parlez de peine, Madame, lorsque vous êtes au comble de la gloire et de la puissance.....

ALINE.

La puissance ! la gloire !...ah ! Zélie, est-ce donc là le bonheur ?...

ZELIE.

Qui peut troubler le vôtre ?

ALINE.

Tu vas tout savoir, Osmin !

Elle parle bas à Osmin, qui entre dans son appartement.

ZELIE *à part.*

Quel mystère ! et que va-t-elle m'apprendre ?

Osmin rentre suivi de deux noirs, portant une cassette richement ornée ; ils la déposent à la gauche de Zélie et se retirent. Zélie, pendant cette pantomime, doit donner les marques du plus grand étonnement. La Reine la regarde en souriant de sa surprise.

ALINE, *prenant une clef d'or des mains d'Osmin, et la donnant à Zélie.*

Prends cette clef....

ZELIE.

Cette clef?

Aline lui fait signe d'ouvrir la cassette.

ZELIE *étonnée.*

Oui, Madame !

Elle ouvre la cassette; et la première chose qui la frappe est un habit provençal de femme et un chapeau; elle reconnoît le costume de son pays, et se laissant aller à un mouvement de joi ebien franc et bien vif, elle le baise en disant :

Oh mon pays!

S'arrétant tout à coup comme honteuse de sa joie, elle dit avec émotionet respect.

Ah Madame!.....

ALINE, *l'embrassant.*

Donne Zelie, tu es toujours française.

ZELIE.

Oh! toujours..... mais que vois-je..... un portrait... Ah! le beau jeune homme!....

Aliue, émue, met la main sur son cœur.

ZELIE, *avec une joie naïve.*

Madame!.... madame.... c'est un françois.... oui cet air... cet uniforme... mais quel est-il? où est-il? (*se reprenant*) Ah! pardon...

Aline souriant de l'embarras de Zelie prend sa main et la conduit près du trône; elle fait un signe à Osmin, qui presse un bouton; le fond du trône disparoît et présente de biais à la vue des spectateurs la longue galerie d'un souterrain. Les spectateurs ne peuvent appercevoir le hameau.

ZELIE, *regardant avec avidité et dans un espèce de délire.*

Non... non... je ne me trompe pas! les rives de la Durance! des oliviers! un pâtre provençal qui traverse le pont! je vois....

ALINE, *l'interrompant.*

L'image du hameau où j'ai reçu le jour, il fut construit par mes soins, dans une partie éloignée et solitaire de mes jardins; ce souterrain en est l'issue; une garde fidèle en interdit l'entrée à tous profanes; Usbeck, quelques femmes et quelques officiers de ma cour ont la permission d'y pénétrer; des golcondois instruits, formés aux mœurs européennes par leur langage et leur vêtement, me retracent les habitans de la Provence; l'écho ne repète que les sons du tambourin et du flageolet, et la coignée respectera tant que je vivrai, ces arbres imitateurs de ceux qui prêtèrent leurs ombres à mes premières amours; c'est là qu'oubliant les grandeurs importunes j'aime à m'entourer de douces illusions et d'heureux souvenirs.

ZELIE.

Mais madame, le beau jeune homme!

ALINE. *soupirant.*

Ecoute.

ROMANCE.

Alors dans la Provence,
Ce beau pays de France,
Simple laitière étois,
Aline me nommois :
Quinze ans étoit mon âge ;
Simple, naïve et sage,
Mon cœur au nom d'amant,
Palpitoit doucement,
Et j'appelois doux sentiment.

Alors dans la Provence,
D'une haute naissance,
Un beau jeune homme étoit ;
Saint-Phar on le nommoit :
Vingt ans étoit son âge ;
Quoique naïve et sage,
J'écoutai cet amant,
Parloit si tendrement !
Que je connus doux sentiment.

Las ! des siens la puissance
L'éloigna de la France ;
Pour lui bravant le sort,
Naufrageai sur le bord :
Le destin m'y fit reine ;
Mais quoique souveraine,
Mon cœur tendre et constant,
Toujours pour mon amant,
Gardera doux sentiment.

On entend tirer le canon.

SCENE X.

LES MEMES, USBECK.

USBECK.

MADAME, l'embassadeur français, attend le moment de vous être présenté.

ALINE, *vivement.*

Ce sont des François ! Osmin ! qu'il vienne.
(*Osmin sort.*)

à Usbeck.

Sait-on le motif qui le conduit sur nos bords ?

USBECK.

Il est chargé par son gouvernement de solliciter un traité d'alliance avec les habitans de Golconde.

ALINE, *avec enthousiasme et noblesse.*

Usbeck que votre palais lui serve d'asile, et à tous ceux qui l'accompagnent, qu'ils soient salués par l'artillerie du port et de la citadelle, qu'on pavoise les minarets des mosquées ; bals, spectacles, banquets, prodiguez tout aujourd'hui, honorer les françois, c'est me rendre l'hommage qui me flattera le plus.

SCENE XI.

LES PRECEDENS.

OSMIN, *entrant.*

L'AMBASSADEUR Saint-Phar suit mes pas.

ALINE.

Saint-Phar ! qu'entends-je, si c'étoit lui !.... Ah Zelie à peine je respire.... Saint-Phar dans ces lieux.... Saint-Phar près de moi !...

ZELIE.

Contraignez-vous......

ALINE.

O dieu ! pourrai-je le voir,... l'entendre et ne point voler dans ses bras ! (*elle baisse son voile, et soutenue par Zelie, elle monte sur le trône.*)

SCENE XII.

LES MEMES, SIGISKAR, seigneurs de la cour.

Une marche orientale commence la scène, on voit paraître dabord une troupe de golcondois, de seigneurs indiens et de spahifrs.

CHŒUR.

HONNEUR ! honneur aux François
Descendus sur nos rivages,

Que sur les plus lointaines plages,
L'écho porte les chants de nos cœurs satisfaits,
Et nos transports et nos hommages.
Honneurs honneurs aux françois!

(*Un air de danse annonce l'arrivée des bayadères, qui précèdent Saint-Phar.*)

CHŒUR. *des bayadères.*

Offrons l'image du plaisir
Au héros qu'aime la victoire,
Mêlons aux lauriers de la gloire,
Le myrthe qui doit l'embellir;
Favori de l'amour et guidé par la gloire,
Qu'il juge des transports de nos cœurs satisfaits!
Honneur, honneur, aux françois!

SCENE XIII.

LES MÊMES, SAINT-PHAR

Suivi de ses principaux officiers.

Usbeck l'accompagne. Au moment où il entre la reine soulève un peu son voile, le voit, et donne les marques de la plus vive émotion

SAINT-PHAR.

RECITATIF.

Magnanime et Puissante Reine,
Je viens des rives de la Seine,
Au nom d'un peuple brave, en Europe admiré,
Sollicitér de vous un lien desiré.

AIR.

Des lieux où la brillante aurore
Voit du flambeau du jour s'élancer tous les feux,
Jusqu'au climat glacé que la nuit couvre encore,
On parle avec transports de vos faits glorieux.
D'un peuple aimé de la victoire.
Que le vœu général soit par vous écouté;
C'est pour ajouter à sa gloire,
Qu'il veut s'unir à la beauté.

Pendant ce morceau Aline a parlé à l'oreille d'Usbeck, qui étoit à la droite du trône.

USBECK.

D'après les ordres de la reine;
Seigneur, dans mon palais, fixez votre séjour;
Mon cœur apprécie en ce jour
L'ordre sacré de notre souveraine,
Qui m'accorde l'honneur de vous suivre à sa cour.

Saint-Phar est reconduit en triomphe, au son d'une musique orientale et brillante. Le canon tire.

LE CŒUR.

Honneur, honneur aux Français; etc.

Lorsque Saint-Phar, accompagné par une partie de la cour, ne peut plus être vu d'Aline, et qu'il est prêt à sortir du palais, elle lève son voile et paroît l'accompagner des yeux avec l'ivresse du bonheur.

ALINE, *à part.*

C'est lui! c'est lui! quel doux moment!

SIGISKAR *entouré de ses complices, leur dit:*

(A part.)

Tout sert nos vœux, voici l'instant
Du silence, de la prudence!

USBECK *à Osmin et à Zélie.* (A part.)

Du silence, de la prudence!

Tous *à part, se séparant.*

Silence!
Silence!

ALINE à USBECK et à ZELIE.

Pendant le festin qu'un breuvage
Le plonge dans un doux sommeil,
Et qu'au hameau sous l'ombrage,
Vos soins retardent son réveil.

Fin du premier acte.

ACTE SECOND.

Le théâtre représente un hameau français sur le côté, et qui se perd dans les arbres; une rivière sur laquelle est un petit pont rustique: le reste du théâtre doit offrir la vue d'un bocage de la plus grande fraîcheur; un fond de perspective d'oliviers et d'orangers, qui retracent un site de la Provence. Sur la droite de l'acteur, un tertre recouvert de gazon et de mousse, ombragé de rosiers et de jasmin: de l'autre côté, un banc de jardin ombragé d'arbres.

SCENE PREMIERE.

OSMIN, *en paysan provençal.*

Il fait un signe, quatre noirs paraissent, il leur montre le banc de jardin; les noirs indiquent qu'ils le comprennent, et s'enfoncent dans le bosquet. A un second signe d'Osmin, une troupe de soldats golcondois paroît; et, d'après ses ordres, elle traverse le pont et marche du côté du village (*).

OSMIN, *seul.*

Bon! tout est bien disposé, comme l'a ordonné la reine.... (appercevant Zelie,) oh Zelie!...

SCENE II.

OSMIN, ZELIE, *en habit provençal.*

ZELIE.

En vérité, je crois revoir mon pays!... et je retrouve mon cher Osmin sous les habits d'un pâtre provençal...

* Cette pantomime a lieu pendant l'ouverture du 2e. acte.

OSMIN.

Mais explique-moi...

ZELIE.

Le breuvage a produit son effet, et d'après les ordres de la reine, Saint-Phar, plongé dans un sommeil profond, a été transporté dans le petit bois; Usbeck viendra nous avertir de son réveil...

OSMIN, *lui montrant un flacon indien.*

Il m'a recommandé de garder ce flacon dont nous devons encore faire usage.

ZELIE.

Je t'indiquerai le moment où tu devras t'en servir. (*S'approchant du buisson de rose*) Mais voyons... à merveille!

OSMIN

Tu es contente de moi; il me faut la récompense promise.

Zélie lui présente sa main, Osmin cherche à lui prendre un baiser.

ZELIE *le repoussant doucement.*

Mais comment donc, M. Osmin, il paroît que l'air et le costume du pays agissent singulièrement sur vous, et voici des manières tout-à-fait françaises... Allons, je te pardonne en faveur de tes dispositions; mais écoute:

DUO.

Tu m'aimeras toute la vie,
Tu m'aimeras toute la vie,
Heureux époux, toujours amans!
Non, non, jamais nulle autre que Zélie,
N'aura ton cœur et tes sermens?

OSMIN.

Je t'aimerai toute la vie; (*bis*)
Heureux époux, toujours amans;
Non, non, jamais nulle autre que Zélie,
N'aura mon cœur et mes sermens.

ZELIE.

Sois toujours français pour me plaire....

OSMIN.

Je serai français pour te plaire.

ZELIE.

Ce sont les meilleurs des époux...

OSMIN.

Oh! je veux être un bon époux.

ZELIE.

Il faut prendre leur caractère,

OSMIN.

Oui, je prendrai leur caractère.

ZELIE.

Aimer et n'être point jaloux.

OSMIN.

Aimer et n'être point jaloux.

ZELIE.

Sur-tout jamais d'humeur sauvage;

OSMIN.

Non, non, jamais d'humeur sauvage!

ZELIE.

Toujours complaisant et soumis,

OSMIN.

Toujours complaisant et soumis,

ZELIE.

Et tu seras dans ton ménage,
Heureux....comme on l'est à Paris.

OSMIN.

Et je serai dans mon ménage,
Heureux comme on l'est à Paris.

ZELIE.

Tu m'aimeras....

OSMIN.

Toute la vie:

ZELIE.

Et nous jurons.....

OSMIN.

D'être constans

ZELIE.

Non, non jamais.....

OSMIN.

Nulle autre que Zélie

ZELIE.

N'aura ton cœur.

OSMIN.

Et mes serments.

Mais j'apperçois nos amis déguisés en pâtres provençaux... Toi, mon Osmin, songe aux ordres de notre reine, aux dangers qui l'environnent, et aux moyens dont nous sommes convenus pour les prévenir. Adieu...

OSMIN.

Compte sur mon amour et sur mon courage; ne t'ai-je pas promis d'être français....

Osmin s'éloigne en lui faisant des signes... Zélie le suit des yeux, et lui dit encore adieu de la main, au moment où les golcondois et les golcondoises déguisés en paysans et en paysannes, arrivent de différens côtés.

SCENE II.

CHŒUR.

De notre reine aimable amie,
Aidez-nous à remplir ses vœux;
De vos Français, ramenez en ces lieux,
Et les graces et la folie :

LES JEUNES FILLES.

Pour nous donner des leçons,
Dans l'art de la coquetterie,
Il faut une française, et la belle Zélie
Est celle que nous choisissons.

ZELIE.

Dans cet art là, jeunes amies,
D'avance, on prévoit vos succès;
Vous êtes femmes et jolies,
Et je réponds de vos progrès.

CHŒUR.

De notre reine aimable amie,
Aidez-nous à remplir ses vœux.

UNE PETITE.

A la françoise, moi, fais-je bien la révérence?

LES GOLCONDOIS.

Des paysans joyeux,
Du bon pays de France,
J'avons appris d'avance,
Le langage, et les jeux.

(*dansans.*)

Et gaie ! gaie ! gaie ! sitôt après l'ouvrage,
Faut ben que l'plaisir ait son tour;
Les jeux, le bon vin et l'amour,
Nous attendent sous le feuillage.
Et gaie! gaie! gaie! sitôt après l'ouvrage,
Faut ben que l'plaisir ait son tour.

ZELIE.

Vous des guerriers, on pourrait s'y méprendre!

GOLCONDOIS.

Aline fait chérir ses lois,
Pour elle on peut tout entreprendre;
Chacun de nous est à la fois,
Pour lui plaire, bon villageois,
Et bon soldat pour la défendre.

(*tous.*)

Chacun de nous, est à la fois,
Pour lui plaire, bon villageois,
Et bon soldat pour la défendre.

ZELIE.

Sur-tout songez que ces beaux lieux,
Sont les heureux jardins de France!

CHŒUR.

Des paysans joyeux,
De la belle Provence,
J'avons appris d'avance
Le langage et les jeux.

ZELIE.

Oubliez le nom de Golconde:

TOUS, *affectant de l'étonnement.*

Golconde! quoiqu'c'est que ce nom là.

ZELIE.

Bien!....j'allons répéter la ronde....

(*tous.*)

Oui, oui, faut répéter la ronde,
Vite en place, nous y voilà!

ZELIE.

(*ronde.*)

Enfans de la Provence,
Jamais de noir chagrin!
Le plaisir et la danse,
Voilà notre refrain!

CHŒUR.

Enfans de la Provence,
Jamais de noir chagrin....

SCENE III.

USBECK, *les interrompant.*

Mes amis, silence! silence!
Saint-Phar se réveille et s'avance!
Retirez-vous....

CHŒUR.

Saint-Phar s'avance
Retirons-nous.

USBECK, et ZELIE.

Point de bruit, de la prudence!
Au signal soyez tous prêts.

CHŒUR.

Point de bruit, de la prudence,
Au signal nous serons prêts.

USBEK et ZELIE.

Silence!

CHŒUR.

Chut! paix!

(*ils se retirent chacun par différens côtés.*)

SCENE IV.

SAINT PHAR, *seul.*

(*L'orchestre le suit dans tous ses mouvemens qui expriment tour-à-tour l'étonnement et l'ivresse.*)

Ou suis-je? quel enchantement! est-ce un songe? je revois ma patrie.... Je reconnois ce hameau... (*S'approchant du tertre avec l'émotion la plus vive.*)

O mon Aline! ces lieux sont encore remplis de ta présence, oui, d'ici j'apperçois sa chaumière!... Je ne puis respirer.... Je sens que je m'éveille, l'illusion se dissipe...... adieu, séjour charmant!

adieu chère Aline! (*avec un espèce de délire,*) Mais non! c'est encore le hameau! c'est encore Aline! je crois respirer son souffle avec l'air qui m'environne... je crois la voir errer autour de moi... (*Le petit berger traverse le pont en jouant du flageolet et du tambourin.*) Mais quelle nouvelle illusion! Je reconnois cet air provençal.... ah! que de doux souvenirs rentrent en foule dans mon cœur! c'est ici qu'il s'est agité pour la première fois, que pour la première fois il s'est ouvert à l'amour.

O dieu! avant que le songe s'évanouisse, un baiser, un seul baiser d'Aline.....

ALINE, *dans la coulisse.*

AIR.

Blondinette;
Joliette,
De l'amour crains la douce loi;
Blondinette,
Joliette,
S'il t'écoute, c'est fait de toi.

SAINT PHAR, *avec trouble.*

C'est sa voix!
Le frippon sous l'ombrage te guette
En cachette,
Je l'apperçoi!
Blondinette,
Joliette,
prends garde à toi!

(*Aline traverse le pont, en continuant son air.*)

SAINT PHAR, *avec une transition marquée et le plus grand étonnement.*

C'est elle!!!
Oui c'est Aline!.... je n'ose m'approcher.... je crains.... je tremble! ma raison se perd, je.... (*Il reste immobile.*)

SCENE V.

SAINT PHAR, ALINE.

ALINE, *sans paroître étonnée de rencontrer Saint-Phar, et déposant un panier sur le tertre.*

Bon jour, Saint-Phar!

SAINT PHAR, *à part.*

Saint-Phar!

ALINE, *s'approchant timidement.*

Est-ce que vous boudez, mon ami? hein? monsieur, est-ce que vous êtes fâché contre votre Aline?

SAINT PHAR, *à part.*

Aline!....

ALINE.

Peut-être t'ai-je fait attendre, mon ami? hier je t'avais bien promis....

SAINT PHAR.

Hier!

ALINE.

De venir de bonne heure, mais il a fallu vendre mon lait.... Oh! va, il en reste encore; je n'ai pas oublié que tu dois goûter avec moi.... car tu sais bien nos conventions! plus de déjeûner..... Oh! non, monsieur, plus jamais!..... et il est bien décidé que je ne vous rencontrerai plus le matin quand je vais porter mon lait à la ville; vous êtes si étourdi!..(*soupirant*) un malheur est sitôt fait!..

SAINT PHAR, *à part.*

A peine je respire!

ALINE, *à part.*

Ah! comme il est ému!

SAINT PHAR, *à part.*

Je n'ose la fixer! je crains qu'un regard ne fasse évanouir cette ombre chérie!

ALINE, *s'approchant par degrés.*

Mon ami, vous êtes fâché, n'est-ce pas?....

SAINT PHAR, *troublé.*

Je........

ALINE.

Si monsieur, vous avez quelque chose..... bon dieu!.... que vous a fait votre pauvre Aline? donnez-moi votre main......

SAINT PHAR, *vivement.*

Je la sens!.... elle me brûle!....

ALINE, *posant la main de Saint-Phar sur son cœur.*

Ah! si j'ai pu te chagriner, ce n'est pas lui qui est coupable,...

SAINT PHAR, *la regardant.*

Oui, ce sont ses traits, ses yeux!.....

ALINE, *s'éloignant.*

Tu me fais peur!

SAINT PHAR.

Ah! qui que tu sois, nimphe enchanteresse....

ALINE.

Fi!.... monsieur, enchanteresse! qu'est-ce que je vous ai fait pour me donner ces vilains noms-là?

SAINT PHAR.

Il faut me tirer de mon incertitude.

ALINE.

Il faut être plus honnête, entendez-vous?....

SAINT PHAR.

Mais dis-moi.....

ALINE, *affectant de l'humeur.*

Non, je ne veux rien vous dire... et je crois bien que je puis bouder à mon tour...... Le voilà cet anneau que vous m'avez donné hier.

SAINT PHAR.

Encore hier!

ALINE.

Vous devez en avoir la moitié?

SAINT PHAR, *vivement.*

La voici.. elle ne m'a jamais quittée!

ALINE, *avec joie, à part.*

Il m'aime toujours!

SAINT PHAR, *à part.*

Mon étonnement redouble!

ALINE, *s'approchant d'un arbre qui ombrage le tertre.*

Le voilà ce chiffre où nos deux noms sont réunis, et que tu as tracé toi-même.

SAINT PHAR, *avec chaleur.*

Oui c'est lui... je me rappelle!

ALINE, *l'interrompant.*

Eh bien, monsieur, je vais vous rendre l'un, et effacer l'autre...

SAINT PHAR.

Arrête! arrête! mais un mot, une seule question, mon voyage..... hier..... ce matin..... j'étois à Golconde....

ALINE.

Golconde? dam, je ne sais pas.... je ne connois que le chemin de la ville...., c'est peut-être un village à quelques lieues d'ici..... et qu'est-ce que vous avez été faire là, monsieur?

SAINT PHAR.

Mais depuis quatre ans, les mers que j'ai traversées, les combats que j'ai soutenus, la mission dont je suis chargée.....

ALINE.

Ah! bon dieu! je vois ce que c'est.... votre vilain gouverneur, avec ses gros livres de bataille et d'histoire, qu'il vous fait lire sans cesse, finira par vous faire perdre la tête.... oh! ça c'est sûr.

SAINT PHAR, *dans le plus grand trouble.*

Aline! mon Aline.... car c'est toi! mon cœur confirme le témoignage de mes yeux; il triomphe de ma raison.... mais réponds..... réponds-moi de grace, où suis-je?

DUO.

ALINE, *avec un sentiment pénible.*

SAINT PHAR, *la pressant dans ses bras.*
Aline !... oui c'est toi, mon Aline chérie !...

ALINE.
Oui, c'est ton Aline chérie !

SAINT PHAR.
Je te revoi,

ALINE.
Je te revoi.

SAINT PHAR.
Auprès de toi.

ALINE.
Auprès de toi.

(*ensemble.*)
Je veux passer ma vie

(*On entend le son du tambourin et des galoubets.*)

ALINE.
Ce sont les habitans qui reviennent du labourage....

SCENE VI.

LES PRECEDENS, *Golcondois en paysans et paysannes provençeaux.*

ZELIE, USBECK.

CHŒUR.
Hé gaie ! gaie ! gaie ! sitôt après l'ouvrage,
Faut ben que l'plaisir ait son tour ;
Les jeux, le bon vin et l'amour,
Nous attendent sous le feuillage.

(*tous.*)
Bon jour, monsieur Saint-Phar.

ALINE. *lui présentant Zélie.*
C'est la petite Louise.

SAINT PHAR.
Louise ! oui, (*à part.*) je crois reconnoître...

UN PAYSAN, *à saint-Phar.*
Sauf vot respect faut que j'vous dise,
Monsieur vot gouverneur,
Fait les doux yeux à ma Louise,
Ça m'donne de l'humeur.

ZELIE.

Dam c'est ben vrai qu'il me courtise,
(*faisant la révérence.*)
Et j'vous l'disons avec franchise.

ALINE,

Prenant la main de Saint-Phar, et l'entrainant vers le tertre.

Pour mieux respirer la fraicheur,
J'allons goûter sous cet ombrage.

SAINT PHAR, *après avoir hésité un moment.* (à part.)

Je suis fou... mais je suis heureux!...

Il suit Aline, s'assied près d'elle, sur le tertre, et s'abandonne entièrement à son illusion.

CHŒUR.

Et gai! gai! gai! sitôt après l'ouvrage
Faut ben que l'plaisir ait son tour;
Les jeux, le bon vin et l'amour!
Nous attendent sous le fueillage.

SCENE VII.

LES PRECEDENS, OSMIN:

Il fait des signes à Zelie, lui montre un flacon qu'il tient caché sous sa veste, et saisissant un moment où Saint-Phar ne peut l'appercevoir, il verse dans sa jatte de lait, quelques gouttes de la liqueur contenue dans le flacon.

USBECK, *à Osmin, à part.*

BRAVE Osmin, l'instant approche, de la prudence; songe à m'instruire à l'aspect du moindre danger.

ZELIE.

Et vite approchez tous, chacun un danseur; dépêchons, j'allons chanter la ronde.

tandis que toute la troupe se dispose pour la ronde, Osmin va se placer sur le pont; Saint-Phar assis dans le bosquet près d'Aline, ne peut appercevoir ce qui s'y passe; Aline se lève et commence la ronde.

RONDE.

ALINE.

Eh non, non, non, jamais de noir chagrin,
Entends l'écho redire, au son du tambourin:
Enfans de la Provence,
Jamais de noir chagrin;
Le plaisir et la danse,
Voilà notre refrain;
C'est le refrain
Du tambourin!

(*Tous répètent ce refrain en dansant et battant des mains à la manière provençale.*)

ALINE.

PREMIER COUPLET.

Eh! pourquoi douce amie,
Sur ta bouche jolie,
Ce petit air boudeur?
Ton cœur
Soupire
Pour un trompeur!

(*parlé.*)

Que je te plains pauvre enfant! ah! ça fait ben du mal... mais....

Eh! non, non, jamais de noir chagrin,
Entends l'écho redire au son du tambourin....
Enfans de la Provence, etc.

(*le refrain en chœur.*)

A la fin du premier couplet, un noir en habit indien, paroit sur le pont; il remet à Osmin un bouquet de grenade; celui-ci traverse la foule des danseurs, parvient jusqu'à Usbeck, auquel il remet le bouquet d'un air mystérieux, et retourne à son poste. Usbeck semble épier le moment où il pourra parler à la reine.

IIe. COUPLET.

» Mon bon dieu! c'est ma mère;
» Qui s'est mise en colère;
» Car elle a vu de loin,
» Lubin,
» pour rire,
» baiser ma main....

(*parlé.*)

En verité! comment donc? mais c'est affreux....

(*Usbeck s'approchant de la reine, lui dit d'une voix base et mystérieuse.*)

Un grand danger vous menace, donnez des ordres; il en est tems!...

ALINE, *bas à Usbec.*

Emparez-vous du port et des principales mosquées...

(*Et elle reprend vivement*)

Eh! non, non, non, jamais de noir chagrin,
Entends l'écho redire au son du tambourin...
Enfans de la Provence, etc.

Pendant le refrain, Usbeck a parlé à un Golcondois qui a traversé rapidement le pont, comme pour aller exécuter les ordres de la reine. A la fin du second couplet, un second noir remet un billet à Osmin; il s'empresse de le porter à Usbeck, qui en fait lecture avec les marques de la plus vive inquiétude.

IIIe. COUPLET.

ALINE.

Il faut, petite amie,
Au printems de la vie,
Que tendre cœur un jour,
D'amour,
Soupire;
Chacun son tour.

(*parlé.*)

Ah! c'est bien vrai.... tout le monde sait ça....

USBECK, *bas à Aline.*

Vous n'avez point un instant à perdre; l'audace est à son comble, les Fakirs sont révoltés...

ALINE, *bas à Usbeck.*

Rassemblez ma garde, je vous joins à la citadelle...

(et elle reprend gaiement.)

Eh! non, non, jamais de noir chagrin, etc.

Saint-Phar, qui pendant ce troisième couplet, a ressenti l'effet du breuvage soporifique, est assis dans le bosquet; la reine et sa suite s'approchent doucement de lui, en finissant de chanter le refrain à demi voix. Saint-Phar prononce plusieurs fois le nom d'Aline et s'endort tout à fait.

ALINE, *reprenant tout-à-coup la majesté d'une reine.*

RÉCITATIF.

On renverse le trône où vous m'avez placée;
Vos droits sont méconnus, ma vie est menacée
Je vous rends vos sermens, combattrez-vous pour moi?

TOUS.

Oui nous jurons de vaincre ou de mourir pour toi!

ALINE.

Marchez!

Il se fait un mouvement pendant lequel Osmin a donné ordres aux noirs, d'emporter le banc sur lequel est Saint-Phar endormi; un grouppe de Golcondois dérobe cette marche au public.

ZELIE, *à Aline.*

Hélas! en ce moment d'alarmes
je vous suis....

ALINE, *montrant Saint-Phar.*

Ne le quitte pas!

CHŒUR.

Aux armes! aux armes! aux armes!

Des Golcondois arrivent de différents points, et occupent une partie du théâtre et du pont.

CHŒUR GÉNÉRAL, *à voix basse et concentrée.*

Nous brûlons tous de voler aux combats!..
A nos sermens soyons fidèles;
Et dans les rangs de ces rébèlles,
Hâtons-nous de porter le trépas.

Aline donne le signal du départ; on doit remarquer sur-tout Osmin qui est attaché constamment auprès d'elle, et fait paroître une ardeur et une intrépidité marquées. Tout le monde se met en marche; Aline traverse le pont à la tête de sa troupe; à peine est-elle au milieu, qu'on voit paroître à l'autre extrémité du pont, une partie de sa garde qui vient se joindre à elle, ils se précipitent tous un genou en terre, les armes hautes; elle passe fièrement au milieu d'eux.

ACTE TROISIEME.

SCENE PREMIERE.

Même décoration qu'au premier acte.

ZELIE, *seule.*

Le tumulte paroît appaisé... je n'entends plus le bruit des armes... cependant on ne me laisse point approcher de St-Phar, son sommeil n'est pas encore dissipé, et il m'a été impossible de l'instruire... Nous voilà tous les deux prisonniers ici... mais je ne sais quel espoir remplit tout mon cœur! La reine est dans la citadelle, au milieu de l'élite de ses guerriers .... En dépit des menaces de Sigiskar; St.-Phar soutiendra les droits de la justice et de la beauté; Osmin doit tout hasarder pour l'arracher de ce palais....et si je pouvois prévenir St.-Phar .... mais comment faire ?... que vois-je ? .... ce vilain chef des eunuques; heureusement qu'il n'a plus d'empire sur moi.

SCENE II.

ZELIE, BAHADAR.

BAHADAR *à part*.

C'EST cette petite étourdie de française qui m'a joué tant de tours, lorsque j'administrois le sérail; si elle pouvoit rentrer sous ma domination....

ZELIE. *à part*

Je ne puis regarder cette figure là sans rire.

BAHADAR *à part*.

Favorite de la reine, elle doit connoître ses secrets; il faut l'interroger finement et savoir... (*haut*) Salut ô fille du printemps !

ZELIE.

Salut, ô volage zéphir!

BAHADAR.

Ce jeune ambassadeur tarde bien à se réveiller ?

ZELIE.

Il est sans doute bercé d'heureux songes ?

BAHADAR.

Je le crois....et réservé aux grandes aventures; je m'y connois.....

ZELIE.

Vos yeux sont si exercés!

BAHADAR.

Ceux de la reine m'ont tout appris.... Mais quel est ce St.-Phar ?

ZELIE.

Ha! je puis facilement vous instruire, écoutez....

BRHADAR. *à part*.

Je savois bien qu'elle parleroit....

ZELIE.

COUPLETS.

Il reçut au sein de la gloire,
Et les myrtes et les lauriers,
Que les belles et la victoire
Tressent pour le front des guerriers.
En amour comme à la guerre
Il vole à de nouveaux succès.
Il sait aimer, combattre et plaire.....
C'est vous dire qu'il est français.....

BAHADAR.

Je sais cela.....mais la reine....

ZELIE, *avec mystère.*

On ne peut nous entendre......
Je vais tout vous apprendre.....
Vous promettez d'être discret !

regardant avec soin autour d'elle.

Une chose qui va bien vous étonner.....

BAHADAR.

C'est?.....

ZELIE.

C'est qu'au fond de leurs ames ;
Il est encor des femmes
Qui savent garder un secret.....

BAHADAR. *à part.*

Qui diable se serait attendu à cela ! (*Haut.*) Mais vous pouvez bien m'expliquer pourquoi la reine.....

ZELIE.

Oh sans doute, elle ne m'a pas défendu de parler; et je vais....

IIe. COUPLET.

Vive, sensible, un peu coquette,
Aimant la gloire et les plaisirs,
C'est à la fois la violette,
La rose amante des Zéphirs...
Elle s'emporte, elle s'appaise,
Soupire et sourit tour-à-tour....
Elle est en même tems françoise
Et constante dans son amour.

BAHADAR.

Fort bien ! mais quel en est l'objet ?....

ZELIE.

On ne peut nous entendre,
Je vais tout vous apprendre,
Vous promettez d'être discret ?...

Elle m'a fait une confidence...

BAHADAR.

La reine !... et c'est ?...

ZELIE.

C'est qu'au fond de leurs ames,
Il est encore des femmes
Qui savent garder un secret.

(*Un bruit tumultueux se fait entendre dans la coulisse.*)

BAHADAR *effrayé.*

O Dieu ! quel bruit entends-je ?...

ZELIE, *le regardant.*

C'est cela ! .... Quelle attitude mâle ! Voilà de quoi faire trembler les partisans de la reine !

BAHADAR *à part.*

Je crois que je commence à leur donner l'exemple.

ZELIE *à part.*

Sigiskar !..... fuyons.

BAHADAR *à part.*

Sigiskar !.... je respire !

SCENE III.

SIGISKAR, BAHADAR, QUELQUES OFFICIERS GARDES.

SIGISKAR.

BRAVE Oscar, je te donne le commandement des troupes qui doivent garder toutes les avenues qui conduisent à ce palais ; que nos amis seuls puissent y pénétrer : vas..... (*Oscar sort.*) Et toi, fidel Taher, prends tout l'or dont nous pourrons disposer, introduis-toi dans le camp français, sous les murs de la ville ; tu sais l'emploi qu'il faut faire de cet or ! . . . . Je compte sur ton adresse et ton intelligence. (*Taher sort.*) On va introduire ici l'ambassadeur français, cette entrevue est importante. Il ignore encore les coups hardis que nous venons de porter, il faut l'instruire avec ménagement. . . . j'espère l'amener à favoriser nos desseins, à soutenir nos droits. . . . S'il hésite, s'il refuse. . . . que les ordres que je donnerai alors, soient exécutés à l'instant.

BAHADAR.

Mais ces français qui de leur camp, semblent déja nous menacer et redemandent à grands cris leur général ! . . . .

SIGISKAR.

Une fois maîtres de la citadelle, nous n'aurons plus à les redouter. . . . Voici l'ambassadeur !

SCENE IV.

LES PRÉCEDENS, SAINT-PHAR.

Les regards de St.-Phar se promènent avec étonnement sur ce qui l'environne. Sa pantomime doit exprimer le désordre de ses idées. . . . à peine écoute-t-il Sigiskar.

SIGISKAR.

FRANÇAIS, sois sans crainte.

SAINT PHAR.

Je ne l'ai jamais connue.

SIGISKAR.

C'est au nom du conseil suprême de Golconde....

SAINT PHAR *avec distraction.*

Où est la reine ?

SIGISKAR.

Que t'importe . . . .

SAINT PHAR.

Qu'entends-je ! . . . . Quels affreux soupçons ! . . .

Ces troupes rassemblées .... Les mouvemens que j'ai remarqué dans ce palais..(*à Sigiskar avec force*) Où est la reine ?

SIGISKAR.

Quels sont tes droits pour m'interroger ?.....

SAINT PHAR.

Mes français sauront te l'apprendre ; réponds, où est-elle ?

SIGISKAR.

En ma puissance. Je l'ai renversée de ce trône où la naissance m'appeloit, où la force saura me maintenir.

SAINT PHAR.

Tu as osé....

SIGISKAR

Faire valoir des droits sacrés et reconnus de tout un peuple.

SAINT PHAR.

Tu me trompes....

SIGISKAR, *avec calme.*

Français, la résistance serait inutile : songe que c'est avec moi seul que tu dois traiter. Tes menaces, tes insultes, j'oublie tout : je sacrifie mon ressentiment au bonheur public....Je t'apporte ce traité, qui pour jamais unira les deux nations ; calme-toi, et écoute : (*il lit.*)

« Après avoir invoqué Brama, le grand Vishnou » et les divinités de l'Inde et du Gange, moi Sigis- » kar, au nom du conseil suprême de Golconde.... »

SAINT PHAR.

C'en est assez, donne.

SIGISKAR, (*à part.*)

Il se livre!

Sigiskar lui donne le diplome; un des conjurés lui présente un stylet pour le signer : un noir, à genoux, soutient le diplome, qui est posé sur un coussin sur sa tête. Saint-Phar écrit. Un silence imposant règne dans toute l'assemblée; on doit voir briller sur la figure des conjurés l'air du triomphe qu'ils croyent avoir obtenu. Saint-Phar signe et remet le diplome à Sigiskar.

SIGISKAR.

Ecoutez tous! (*Il lit haut la première ligne , et sa voix baisse ensuite.*) « Moi, Adolphe de Saint-» Phar, ambassadeur de France à Golconde, je jure de servir de tout mon pouvoir.....

SAINT PHAR *lui arrachant le diplome, lisant d'une vcix forte et imposante.*

« Je jure de servir de tout mon pouvoir la sou-» veraine de cet empire, et les armes françaises la » maintiendront sur le trône d'Akebar, dont ce re-» belle voudroit la faire descendre; je le jure, et je » signe mon serment ».

SIGISKAR.

Qu'ai-je entendu ?....

SAINT PHAR.

Ma volonté.

SIGISKAR.

Tu oserais....

SAINT PHAR.

Tout.

SIGISKAR.

Tu ne crains pas.....

SAINT PHAR.

Un rebelle.

SIGISKAR.

Et tu veux exposer....

SAINT PHAR.

Ma vie pour protéger les vertus que je respecte; et remplir les devoirs que m'impose l'honneur.

SIGISKAR, *avec fureur.*

Le conseil souverain va prononcer sur ton sort. Tremble! (*au chef des eunuques*) Bahadar! je te confie la garde du prisonnier; tu m'en réponds sur ta tête. S'il tente de s'échapper de ces lieux, qu'il tombe percé de mille coups. (*aux conjurés*) Suivez-moi. (*ils sortent*).

SCENE V.

SAINT-PHAR, LE CHEF DES EUNUQUES.

Il pose des sentinelles aux différentes issues de la salle.

SAINT-PHAR.

QUELLE perfidie! que viens-je d'apprendre? quelle foule d'événemens singuliers! tout ici étonne ma raison et agite mon cœur....... Oublions ce hameau, Aline, ne songeons qu'aux dangers de la reine; mais comment sortir de ce palais? seul, désarmé...

BAHADAR, *à part.*

Cet homme ne paroît disposé à servir notre parti.

SAINT-PHAR, *à part.*

Si je pouvois faire parvenir mes ordres au camp!

BAHADAR, *à part.*

Il faut que je tâche de le convertir; je vais lui parler avec la politesse française.

SAINT-PHAR, *à part.*

Mais quel moyen?

BAHADAR.

Seigneur, je suis chef des eunuques. (*A part*) Ses regards m'effraient. (*Haut*) Je vous dirai, seigneur, que jusques à présent j'avois gardé les plus jolies femmes du monde, mais je vous proteste que c'est avec plus de plaisir encore que je me vois chargé du soin de vous surveiller. (*Saint-Phar lui tourne le dos.*)

SCENE VI.

LES PRÉCÉDENS, UN OFFICIER (*entrant*).

ON vient de saisir ces tablettes entre les mains de Zélie, elle cherchoit à les faire parvenir à l'ambassadeur.

BAHADAR.

Oh! oh! déjà des intelligences avec nos belles...

Si les Français séjournent sur nos bords, je vais avoir de furieux embarras dans ma place. (*L'officier sort.*)

SCENE VII.

SAINT-PHAR, *à part.*

Quel contre-tems !

BAHADAR, *montant sur le trône, et s'assayant sur la plus haute marche.*

Voyons un peu cette correspondance.

SAINT-PHAR, *à part.*

Sans doute, on m'offroit les moyens de seconder la reine, et de m'arracher de ces lieux.

BAHADAR, *lisant.*

» Au nom de l'amour et de l'honneur » . . . au nom de l'amour ! . . . . . ceci est de ma compétence, continuons.

SAINT-PHAR, *à part.*

Ecoutons !

BAHADAR, *lisant.*

» Vous suivrez avec confiance le guerrier qui
» vous présentera une épée et un bouquet de gre-
» nades » . . .

Le fond du trône s'ouvre tout-à-coup, et l'on apperçoit derrière le chef des eunuques, Osmin qui présente à Saint-Phar une épée et un bouquet de grenades, et lui indique de prendre garde de se trahir.

BAHADAR,

Oh ! oh ! ceci devient sérieux !

Regardant Saint-Phar.

Je crois qu'il me fait des signes . . Seigneur, je suis incorruptible, et vous chercheriez en vain à me tromper. Si dans le sérail j'ai pu garder même des françaises, vous concevez . . . . Je vois tout, je vois tout ! (*S'approchant des gardes*) Soldats, que vos regards restent fixés à l'extrémité des galeries qui communiquent à cette salle : si vous appercevez un guerrier portant une épée et une grenade, emparez-vous de lui...

Les sentinelles tournent le dos aux spectateurs, et regardent attentivement dans les galeries, de manière qu'ils ne peuvent appercevoir les mouvemens de Saint-Phar, qui saisissant l'épée que lui présente Osmin, s'échappe par le souterrain ; le fond se referme.

BAHADAR, *croyant toujours parler à Saint-Phar.*

Ainsi donc, vous voyez, seigneur, qu'il est impossible.... Ah ! mon Dieu... qu'est-il devenu ?... Soldats !... mes amis !..parlez... (*On entend du bruit*) On vient le chercher : je suis perdu !

SCENE VIII.

CHŒUR DE CONJURÉS.

Non, non, plus de retard, saisissons le perfide ;
Au nom de Sigiskar, tout ici doit trembler ;
Serts la fureur qui nous guide,
Il faut, il faut nous le livrer.

BAHADAR.

O Bramma !...

TOUS.

Livre nous le perfide.

BAHADAR.

O Bramma !...

TOUS.

Livre nous ce françois,

BANADAR.

O Bramma !...

TOUS.

Crains notre colère,
Il faut enfin nous satisfaire,
Sa mort assure nos succès,
A l'instant livre-nous ce français.

(*Un conjuré entre, suivi de plusieurs soldats effrayés. Bahadar profitant de ce désordre, s'enfuit.*)

SCENE IX.

UN CONJURÉ.

Amis, le sort a trompé notre attente;
Sigiskar est tombé sous les coups des français...

CHŒUR.

O ciel!

LE CONJURÉ.

Saint-Phar vainqueur ramène en ce palais
La reine triomphante.

(On entend la marche qui annonce l'arrivée de la reine et de Saint-Phar.)

LE CONJURÉ.

Entendez-vous!

CHŒUR.

Eloignons-nous,
Fuyons, évitons leur courroux!

(Ils se retirent du côté opposé à l'entrée de la reine.)

SCENE X.

ALINE, ZELIE, SAINT-PHAR, USBECK, OSMIN, SUITE DE LA REINE ET DE SAINT-PHAR, GARDES.

Aline voilée, est portée sur un riche palanquin; Saint-Phar lui offre la main pour descendre, et l'accompagne jusqu'au trône; Zélie et Usbeck se placent de chaque côté.

USBECK.

Français, c'est à ton courage que la reine de Golconde doit aujourd'hui la plus belle victoire; interprête des sentimens de ma souveraine, et de sa reconnoissance, elle t'offre, par ma voix, sa main, et ce trône que tu as su lui conserver.

SAINT-PHAR.

Qu'entends-je!... Reine, en combattant pour toi,

je n'ai fait que céder à la voix de l'honneur ; je le trahirois, en acceptant le don brillant que tu daignes me faire. Un objet chéri remplit mon ame...... Ce n'est plus un songe.... En volant à ton secours, j'ai revu pour la seconde fois ces lieux qui me retracent une patrie ; j'ai retrouvé les bords de la Durance... Tes dangers m'appeloient, je leur ai tout sacrifié... Pardonne au délire qui m'agite, il trouble mes sens, il altère ma raison... Aline ! je crois la voir encore, je crois encore l'entendre...... Ordonne que l'on m'ouvre ces jardins qu'elle habite, ordonne qu'elle me soit rendue.

ALINE, *se dévoile.*

Elle est à toi !

SAINT PHAR.

C'est elle ! ô moment trop heureux !
Aline !...

(il tombe à ses genoux.)

CHŒUR.

Aline est rendue à tes vœux.

ALINE.

Elle est pour toi toujours la même,
L'éclat de ce séjour n'a pas changé son cœur...
Remplis les vœux de ce peuple qui m'aime ;
Que ta sagesse et ta valeur
Eternisent sa gloire, étendent sa puissance ;
Ajoute encore à ma reconnoissance,
En te chargeant de son bonheur.

CHŒUR GÉNÉRAL.

Honneur au héros des français,
Grand dieu, que ton bras le seconde,
Tu dois sourire à ses succès,
Son but est le bonheur du monde.

FIN.

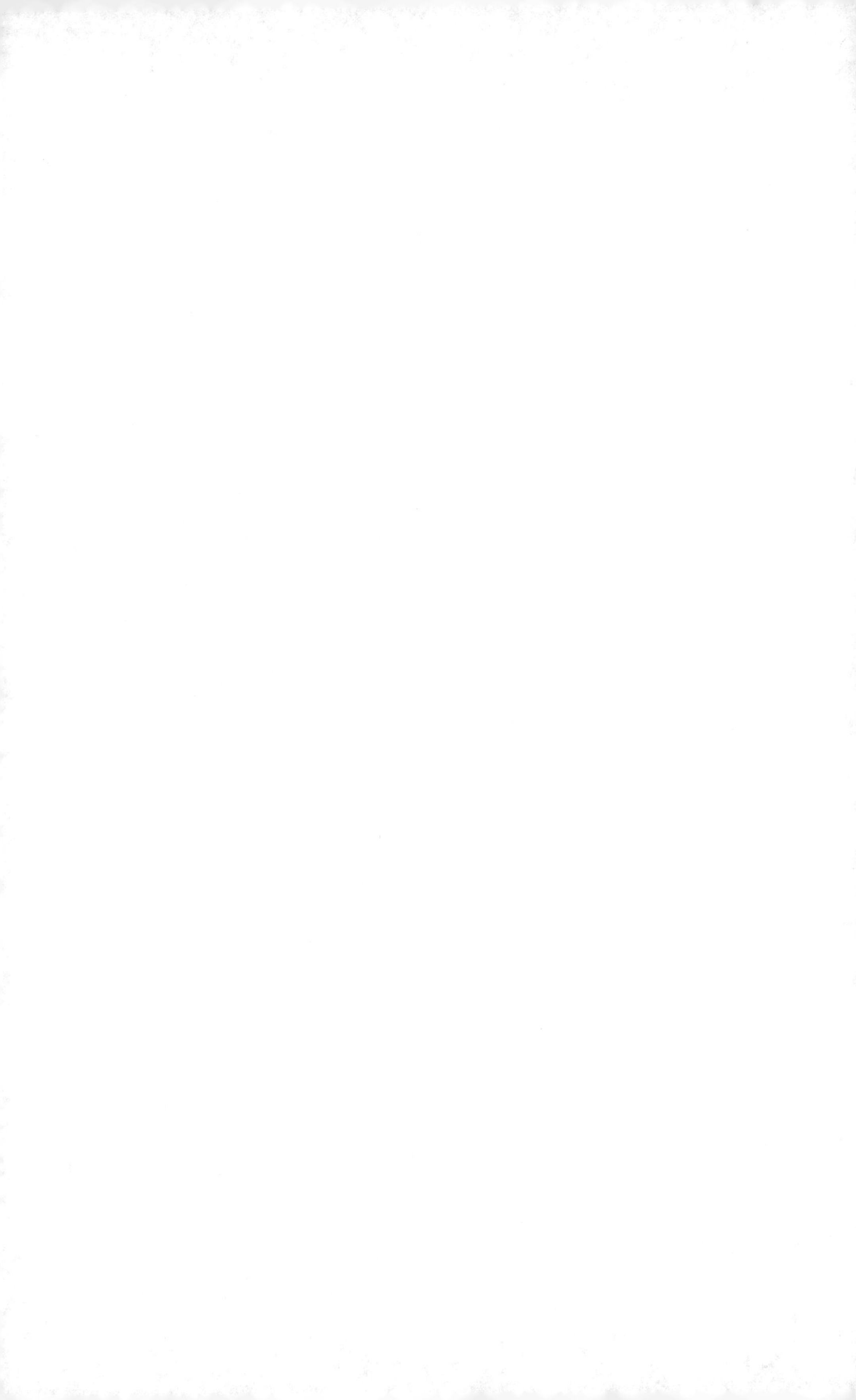

www.ingramcontent.com/pod-product-compliance
Lightning Source LLC
LaVergne TN
LVHW020627110826
845149LV00004B/1069

* 9 7 8 2 0 1 9 2 0 2 5 9 0 *